U0149382

那些閃耀的日子

紀州人 著

文 學 叢 刊
文史哲出版社印行

國家圖書館出版品預行編目資料

那些閃耀的日子 / 紀州人著. -- 初版 -- 臺北
市：文史哲, 民 107.09
頁； 公分（文學叢刊；396）
ISBN 978-986-314-436-6（平裝）

855   107015366

文 學 叢 刊　396

那些閃耀的日子

著　　者：紀　　　　州　　　　人
出 版 者：文 史 哲 出 版 社
　　　　　http://www.lapen.com.tw
　　　　　e-mail：lapen@ms74.hinet.net
登記證字號：行政院新聞局版臺業字五三三七號
發 行 人：彭　　　正　　　雄
發 行 所：文 史 哲 出 版 社
印 刷 者：文 史 哲 出 版 社
臺北市羅斯福路一段七十二巷四號
郵政劃撥帳號：一六一八〇一七五
電話886-2-23511028・傳真886-2-23965656

定價新臺幣二〇〇元

二〇一八年（民一〇七）九月初版

著財權所有・侵權者必究
ISBN 978-986-314-436-6　　09396

序

走入文字所構築的街市

繼紀州人的詩集《成廣澳的黎明》後，這已是我第二次為他寫序了。

紀州人寫詩，也寫散文，在隻手屈指可數的年月裡，這已是他第三本即將付梓的作品集，算得上是個多產的作家，令我著實佩服。而我，作為一個尋常的寫詩人，本來面對為他散文集撰序的邀約，實在不敢妄許，但我十分感謝紀州人的器重，讓不才得以優先閱讀他新書的初稿，既受其所託，又享用了這樣的特殊待遇，說不得，也只得僭越一下了。

文作品，是滿載市井之美的一本散文集。

書中舉凡廚師、小吃攤老闆、漁人、醫生、走唱歌姬等等，都是紀州人所觀察和交遊往來的對象，除了在〈只因為寄宿在光裡〉一文中，他現身說法，自述身為專職作家辛酸卻無悔的心情之外，他多以旁觀者或消費者的角度切入，藉由對形象與味覺的描寫，呈現人物在社會中安身立命的心境，也體現了臺灣人民的勤奮與知足的可愛。

初讀這本散文集，其中雖然部分以小店老闆為主角的作品，因直接點明了店名，予人一種彷彿業配的錯覺，另外一些，在流暢性與精緻度上，也似乎仍有進步的空間，但從他的字裡行間所流淌出的那股為反映社會所做出的努力，以及那份動人的真誠，我想是無庸置疑的。

從更深處琢磨，我發現本書可貴之處，在於紀州人觀看社會的角度。他是那樣地謙卑與親切，在觀察中總是保持最貼近的身段，也因

為如此，島嶼上每一張樸實的臉譜，才能在他筆下，顯得如此熠熠生輝。

曾有那麼一瞬，這本書，竟令我想起北宋張擇端所繪《清明上河圖》中庶民們的面孔，我想，《那些閃耀的日子》正是這樣一本貼近地呈現了臺灣當代人民的日常、充滿溫度與生命力的散文集。透過紀州人的文字，我彷彿聽見街市上攤販的吆喝；聽見燒熱的鐵鍋中，那油煙裊裊的景象和滋滋的聲響。

想想，我們生於一座人情味如斯濃厚的島嶼，何其有幸，而身為讀者，又是何其有幸遇見了紀州人。就讓他領著我們走入他那閃耀的記憶吧，讓我們重新去發現這座島嶼的日常滋味，以及同一時空中，不同的人生況味。

海埶寫於臺南 2018 年夏

那些閃耀的日子

目　次

爐台上的火花

「我曾經發誓不要碰油，但是不碰油就沒有錢賺，好像人家說的，做生意就是要油水，所以，上山做生意，我賣鐵板烤肉和香腸，小燕賣炸金針和南瓜……」；在金針花開的六十石山上，我坐在紅色棚架內的餐桌上，聽平日賣芭樂的老闆這樣對我說。

花季之前，他與小燕在我玉里租的套房樓下擺攤做生意，甘草粉與梅子粉加上脆口的芭樂，讓他能支付租金支付日常花銷，偶爾還能在攤位與三五好友聚聚，喝點小酒；小燕，在芭樂的攤位隔壁賣章魚燒，日子久了，我都稱她是章魚燒媽媽，章魚燒擺攤時，會帶上她的小兒子，那時，不論是白晝炙熱的陽光又或是夜裡昏暗的燈下，滋滋作響的煎台、切芭樂的

砧板碰撞聲，是再也熟悉不過的記憶。

金針花開的時候，他們會一起上山擺攤，一去就是至少兩個月，放下在鬧街的攤位，賣起不同的商品，在天亮前就在山上就位，月亮出來以後，才慢慢地摸黑下山，這樣的日子，我看了兩年，那時候，我都會詢問：「今年，幾月幾日要上去？」；為的是吃芭樂與小燕的特製料理，在花季時才有的。

芭樂的個性爽朗，在花季時人潮洶湧的金針山上，偶爾會遇到等不及吃東西的小朋友，哭著吵爸媽說要吃香腸，香腸還沒等到爸媽購買，芭樂就會先遞上去給小朋友；在山上的芭樂與小燕，他們的笑容展的比平日還開，或許是在一波波的人潮中，溫暖了彼此的願望。

花季結束後，他們便回歸平日的生活，菜刀與砧板的碰撞聲、煎台上熱油的滋滋聲都回來了，沒有客人的時候，會看見他們在滑手機，有客人的時候，會看見他們專注的神情，神情

訴說著：「把握每一次成交。」；平時的他們，不吆喝著叫賣，安靜地坐在攤位前。

　　平時雨天的時候，他們的攤位上只有短短的屋簷，屋簷沒辦法照顧的週全，艷陽天的時候，西曬的太陽光，常常會直射到他們的身上，夏天的夜裡，吹起的涼風是一種沁涼，冬天的夜裡，颳起的寒風，是一種刺骨，曾經，芭樂對我說，雨天的時候，機車經過攤位前，不小心濺起的積水，把他的芭樂弄髒了，弄髒了就不能賣了，所以他學聰明了，客人要買再切，像小燕那樣，客人來再煎。

　　我曾趁著他們公休時，站在他們的攤位上，看著這熟悉的街道與車流，在屋簷底下，我看見生活的真相，是一種需要毅力與勇氣的拚搏，如果你問我說：「誰不是為了生活在拚？我會告訴你，這不一樣。」

　　去年，花季時遇到颱風，幸好沒有影響到芭樂與小燕，也沒有影響到遊客的遊興，當花

季結束時，我期待能夠在熟悉的街道上再次遇見攤位上熟悉的他們，但是等到十月了，夏裝都換上秋裝的時候，還沒見到，於是撥了通電話給芭樂，芭樂才說他現在在朋友的便當店幫忙，小燕也跟著去了，我心裡面想起芭樂曾說：發誓不要碰油，但是碰油才有錢賺……

　　冬天的十二月，我在寒流來的前一天，在玉里鎮上光復路尾巴的便當店，看見芭樂的身影，他站在路旁，旁邊還有台推車，推車上放著回收的餐具，餐具上好像沒有什麼菜渣，堆得跟小山一樣高，這時的他抽著菸，頭抬得高高的，我喊了聲，他才露出微笑。

　　他告訴我他本來是來幫廚，因為下山以後，發現芭樂太貴，他沒辦法批來賣錢，剛好有這個機會，就找小燕一起來幫忙，這樣小燕的兒子也可以在店裡面的座位上寫作業，做著做著，沒想到朋友突然告訴他要回家種田，家裡面幾甲地忙不過來，便當店就頂讓給他接手……

　　「現在也已經上手了，只是感覺很累，要再請幾個人幫忙，小燕還在裡面，要不要吃雞腿？不急的話我現炸給你，菜不夠小燕會炒給你，飯盒要裝滿，今天不管你有沒有吃飽，就是要吃我這份便當拉...」芭樂笑得很開心，這時我看見店裏頭的小燕，正在對我們招手致意，似乎是聽見我們的交談。

　　「這次給你們請，下次換我請你們吃尾牙，慶祝一下......」。

　　我坐在餐桌上，聽見從廚房內傳出了鍋子與湯杓的碰撞聲，還有那熟悉的，快速爐的呼呼聲，我想：這時再撒些酒下去，應該能看得見飛舞的火花，火花閃爍著兩人的盼望。

　　離開便當店時，他們還在店裡整理收拾，燈還亮著，看見還有尚未用餐的客人走進自動門。

九天漫慢

—— 我們家的野饅頭

　　初見，是在台南市大同路上，竹製蒸籠的炊煙裊裊，店頭掛著布條，布條上寫著：「我們家的野饅頭」，店裡除了賣饅頭還有中華大湯包、非基改豆漿，標榜採用自製水果酵母，來發酵麵糰，吃了不會胃脹，好奇的我買了兩個饅頭和一個湯包回家，一口咬下才知道從饅頭麵香裡發出的誠意，從中華大湯包溢出的高湯裡吃到用心的招呼，同時，我似乎看見了老闆的微笑。有了第一次購買的經驗，從此我成了這家店的常客。

　　店老闆名字叫做劉柏寬，我管他叫寬哥，寬哥在做麵點之前，曾經是位麵包師傅，曾經開過兩次麵包店，但最後都變成了創業的學

費，後來帶著女兒獨自回到高雄鳳山老家，那時已經幾乎身無分文，但創業時所累積的債務還追著他不放，最後又搬出兩張摺疊桌，一個竹製大蒸籠，扛上高雄觀音山風景區，開始賣湯包。

觀音山上的湯包，業績持續火紅，我想這是上天給寬哥的祝福，不僅讓他清償了前債，也讓他買了輛發財車，方便載運生財器具，更重要的是還連結了他與家人的互動，全家一起進來幫忙他的生意，在觀音山上的湯包，最高紀錄是日賣一千多顆。

有了本錢，寬哥回到高雄市中華路上，再度開了店，店名是中華大湯包，一樣保留了蒸籠、摺疊桌；發財車陪著他東奔西跑，中午營業結束後，他開始跑黃昏市場，也在假日時跑回去觀音山上，繼續服務他的老客戶們。只可惜後來又因為擴張太快，再次摔跤。

麵粉，永遠是寬哥的驕傲，在寬哥手裡的

麵糰，總是能夠讓他東山再起，我問過寬哥，為什麼會從做西式麵包改行做中式麵點的包子饅頭，寬哥微笑著說：「因為麵包是西方人的東西，包子饅頭是我們的傳統，傳統文化需要有人傳承……」，基於這樣的理念，才有今天我吃到的麵點。

寬哥的饅頭、湯包用的是手工桿製的麵皮，麵皮來自於發酵後的麵糰，而市場上所使用的酵母來源通常是商業速發酵母或者是老麵，但是老麵放久會變酸，要能夠抑制酸味需要加鹼，鹼對人體健康不好，所以他開始研發用天然酵母來發酵麵糰，他找了各種水果來嘗試，經歷一次次的失敗後，才找到黃金比例。

「師夷之長技以制夷」，這是清代魏源先生所說，寬哥引用他的話，將做麵包的發酵方式，用在發酵中式麵點上，成功做出口感介於山東大饅頭與西式麵包之間的「野蠻頭」，而野蠻頭一詞，來自於陪在他身邊做饅頭的小女兒。

　　後來，因緣際會，寬哥來到了台南，在大同路上開了新的店面，也就是我初見他的時候，這時候的他，帶著自己的小女兒，發財車為了抵債，早已賣出，他們兩人僅有的交通工具是腳踏車，車輪旋轉著他們的日子，在一次次的出籠中，生活逐漸穩定了下來，這是種毅力的堅持，還有樂觀的勇氣，在這時候，寬哥也已經將觸角放到網路團購市場，並且研發出他的新產品：「土鳳梨酥、三好酥」，（三好酥並曾獲獎）。

　　本以為寬哥將在台南市大同路上繼續營業下去，誰知道已經承租一年的店面，在續約的時候遭到房東為難，不准他辦理營業登記，還要漲租金，無奈之下，寬哥只好又收拾包袱，在小女兒的陪伴下騎著腳踏車，在台南市區尋找新的地點，最後終於在國華街上找到現在的店面。

　　新的店面找到以後，寬哥繼續搬出竹製蒸籠，街坊鄰居看見很是好奇，籌備時即遇到多

人詢問，開幕第一天，鐵捲門升起時，只見長長的人龍在街邊舞動，這時候寬哥又請了兩位師傅來幫忙，這是段忙到累癱的日子，很辛苦卻也值得，日營業額經常衝破五位數。

但傳統竹製蒸籠，終究是應付不來源源不絕的宅配訂單與現場的點單，躊躇再三，寬哥向銀行貸款買了機械蒸箱，但當時沒想到，幾小時出爐一次的機械蒸箱，取代了竹製蒸籠的古香，炊煙不再時刻升起，營業額接連下滑；「一度曾經想收起來」，這是寬哥閃過的想法，但在這危機之中，他仍然不放棄找尋新的機會，於是往新光三越美食街洽談，在獲得同意以後，才又得到新的市場，但在此時師傅卻陸續求去，後來寬哥才知道，原來是已經學到他的手藝，跑到異地他鄉開店了。

面臨沒有人手的此時，寬哥遇到了一家人，他們住在店面隔壁的樓上，這家人平時沒有固定的工作，這時候，寬哥決定邀請他們進來店裡幫忙，從頭開始指導，或許由於這樣的

想法，店內又開始穩定了下來。

再見寬哥的時候，是我撰寫此文前一天，這天是民國 106 年 2 月 27 日，初見寬哥的時候，是民國 102 年 9 月間，幾年來，他的變化與他的經歷，在民國 106 年 2 月 27 日時我才明瞭，也才知道在他新的店面裡，多了新的夥伴們，更多了一位新的麵包師傅，下班時，他們會坐在同一張桌上吃飯，感覺像是有血緣關係的一家人。

究竟，這些年下來，寬哥有沒有存到錢，我本來想開口問，但是又收回這個問句，是因為我聽見他有一個願望：「傳承並發揚中式麵點文化」，談起這個願望時，他的眼睛閃爍著光芒，或許也因為這樣的理想，上天才不斷的給他機會重新站起來，來讓這樣的好味道延續下去，未來，寬哥還有很多事情要做，除了研發更多種口味的饅頭，還要把這樣的心血延續下去，把中式麵點的文化傳承並發揚出去，我猜這是他一生的堅持，也是幾年來支持他走下去

的力量，不論有多少風雨，多少考驗，多少人情冷暖在他眼前，都能跨越。

遇見寬哥，讓我認識理想是種指引，就像歌手鄭智化作詞作曲的「星星點燈」，在黑暗的夜空中，理想也能化成星星，點亮孩子們的路程，點亮未知的人生。

《講義雜誌》2017.11 月號

天　使

　　早上七點，看著 Messenger 上已有未讀訊息，是在路上的你傳來的。這時候你在公車上，猜想你可能起得很早，搭上首班車以後，朝你的方向前進，記得你曾經說過這條路你走了很多年，沒有換過職場是你的堅持，即使當年的同窗們早已轉換跑道。

　　下了公車，你說在門口有位老伯每天會對你問早，不管晴天雨天，是溽暑的薰風起時，又或者是蕭瑟的冬北風起時，他總是對你問早，問早以後他會回去自己的地方，放心地睡著。

　　坐下來的時候，會有許多人去找你攀談，除了公事以外，還有他們的心事，你像是個圓心，旁人在你周遭圍成了同心圓，也因為如此，

你曾經沒有過自己的生活，在末班的公車上刪除未讀訊息、關上手機。

　　偶爾，你會分享特別的經驗，像是那天早上的公車司機突然廣播對你坦白一切，雖然話筒的另一頭的你語調有些高亢，但我還是輕輕地對你說：「他只是意會到自己載著特別的人罷了…」。

　　日出總在你沒注意到的時候升起，但這樣的你從來沒有錯過美麗的夕陽。

　　每天早晨，在我的 Messenger 還沒打開的時候，你的生活已經開始，在我還在夢裡面徘徊的時候，你的日曆已經更新，帶給我許多不同的感受，同時也影響著你所接觸的人群。所以他們給你起了個名字叫做：「天使」。

2017.04.19《人間福報》副刊

仁　醫

　　沒有針頭，他的左手輕輕地在我的右手腕上按壓，幾秒以後，我還來不及開口，我的健康狀況，從他的口中道出，我來不及開口說我哪裡不舒服，都從他口中道出。

　　和顏悅色的說嗎？或許不是，那種略帶嚴厲卻又帶著關懷的語氣，我沒辦法形容，他的眼神直挺挺的落在我的眉宇之間嗎？其實我也沒把握，只見他轉頭寫著病例，又抬頭看著電腦螢幕，輸入給我的處方，最後再叮嚀了我幾句：「飲食……」。

　　走出診間的我，回頭再瞧了一眼，他仍專注在我的診斷上。

　　候診的人開始聚集在櫃台，我再度轉頭看

了一下懸掛在牆上的醫師考試及格證書，赫然發現，原來醫師早在民國六十年代取得資格，今年是民國一百零六年，行醫已四十餘年。

坐在診所的凳子上，瞧見他穿梭在診間和治療室，他有說不完的話，而患者們總是耐心的傾聽，偶爾會傳出：「對！就是那裏」，像這樣的呼喊，此起彼落，還有醫師的喃喃自語：「身體……」。

診所的人潮沒有停過，讓我忘記我現在身處在眾人口中所謂偏鄉的花蓮縣玉里鎮，直到我拿了藥包與藥單，藥單上寫著醫囑，藥包上寫著看診的時間，看診的時間有一件令我好奇的不同，不同之處在於「外診」。詢問醫師助理後才知道「外診」是醫師帶著診所團隊，帶著儀器，去到缺乏醫師的地方，而且是在醫師休假的時間為病患看診。

這誘發了我的好奇心，我偷偷的在醫師「外診」的時候去到醫師助理口中的地點參觀，只

見到診所團隊早已架好儀器與設備，儼然就是個小型「行動醫院」的規模，足見他們早已適應這樣的模式，患者們在一旁或坐或站著，排隊等候診治。

在前往醫師「外診」的路上，起先我走在三十米寬的馬路，靠著導航還可以約略知道方向，後來竟然連導航都沒辦法指引，只好停下車，靠著當地人的指引，徒步前往，當地人告訴我醫師都在「村長家」給人看病，每個星期都來，從他小時候到當父親，沒有間斷。

皺眉與微笑，在醫師的臉龐上交錯，謝謝醫師的感謝詞語，在患者的口中綿延，直到午休時刻，還有患者等候看診，而且陸續增加。此時，從我的身後，有人送來了便當，眾人都笑了，這是習以為常的模式。

醫師仍繼續看診，患者仍耐心等待，直到最後一位患者診療結束的時候，便當盒上的橡皮筋才開始鬆脫。

註：本文係紀錄玉里神醫「杏林中醫診所」張醫師棟鑾先生仁心外診與其高超的醫術而作，感謝人間福報副刊刊登。

歐爸鐵板燒

　　端午節連假中的永和樂華夜市，人群像漲潮的海水一般，從永平路漫進去又從中山路口漫出去，這天的夜色被黃亮亮的燈光照得熱烘烘的，像正午的溫度那樣炙人。

　　走在樂華夜市的步道上，看著兩旁的攤商，瞧見他們額頭上的汗珠，映出了許許多多同樣的日子，有些刻在抬頭紋上，有些落在戽斗上，更有些濕透了衣袖。生活，或許是這樣的汗水所累積出來的，笑容，也是這樣漾出來的，從他們的臉上，我看見了。

　　兩條腿走得有點發酸的時候，看著手錶已經是晚間八點半鐘，晚餐時間已逾時的當下，炊煙正如美麗的薄霧般在眼前輕舞著，伴著鏗鏘的節奏，輕舞的還有四溢的香氣，這無法眼見的輕香，只能尋味。循著這樣的味道，全身

的感覺神經開始敏銳了起來，眼球左右轉動著，鼻子嗅著，耳朵細聽著躲在喧鬧聲中的鏗鏘。

當腳步接近中山路口的時候，我的視線落在右手邊的攤位上，瞧見廚師的雙手俐落的操作煎鏟，鏗鏘的聲響是相同的節奏，鐵板成了最美的舞台，食材跳著熱舞，我要的就是這個味道！立在攤位上的旗幟寫著：「歐爸鐵板燒」。

看著攤位旁滿座的六張方桌上，交疊著不同的菜餚與笑容，再看看廚師面前的位置，幸好還有空位，而且是最棒的位置，留給我們享用。（享用鐵板燒最美好的時刻在於欣賞廚師的功夫，以及給菜餚保留最好的溫度，所以最棒的位置是在廚師前的位子，不用怕飛濺的油水，因為一流的廚師不會傷到顧客）。

菜單上的主菜是主流的肉料理，鱈魚、牛排、雞排、豬排等，均附上季節時蔬（今天是

高麗菜）、豆芽、白飯，菜單上還寫上可以單點的：荷包蛋。今天我們的注文是：雞排、荷包蛋。

廚師首先為我們處理高麗菜，待蒜碎的香氣在鐵板上爆香之後，放下高麗菜拌炒，再來上些高湯，蓋上蓋子，靜置了約三十秒鐘，從隙縫中散出的煙霧，滿足了我的視覺，掀開蓋子的時候，煎鏟的撞擊聲、下調味汁的吱吱聲，滿足了我的聽覺，放入嘴裡的時候，爽脆的口感、鮮甜的滋味滿足了我的味覺，從舌尖到脾胃，無一不被征服。這時一旁的工作人員為我們上來了附贈的白飯和紅茶，此時才發現「歐爸鐵板燒」從廚師到一旁幫忙的兩位工作人員，三人有相似的臉譜。不禁開口問了廚師：

「老闆，你們是一家三口一起做生意嗎？看起來好像喔！」

「小女生是我姪女，另一位是我姐姐…接著是豆芽菜，請慢用……」廚師靦腆的笑了。

　　脆口的時蔬，已令人驚豔，接著更令我們驚喜的是主餐的雞排，還有荷包蛋，看著廚師俐落地替雞腿肉上了一層薄粉，想必是為了增香及增脆，這鋪在鐵板上的雞腿肉，過幾分鐘以後會開始從周圍變色，翻面的時候可以見到金黃的色澤，還有鹹香的好味道，放入口中，嘗到的是外皮的酥香，隨後跟上的是彈牙的口感，從犬齒到臼齒全部開始激烈的運動；荷包蛋，從蛋殼的裂縫中垂降到鐵板上，從吱吱聲中辨別是否凝固成型，翻面後淋上幾滴醬油，燒出醬油香氣以後盛裝至白飯上頭，看著吸附醬油香的半熟蛋黃汁液滲透進米飯間的縫隙中，一口接一口地扒進嘴裡，伴著菜蔬、雞排，忘記自己現在置身在喧鬧的夜市中，此時，已有種記憶深深的烙在心裡。

鏢台上的日子

　　後頭的引擎聲，是前進的動力，手上的鏢槍，能取代羅盤的方向。

　　靠岸的時候，我該期待收購價，還是該期待家人的陪伴？偶爾，會有自稱欽佩我的勇猛威武的人，前來遞名片，要寫我的故事，只是，寫得出我的感受嗎？我不知道，站在岸上的人，不曾站在海上。

　　海上的星光，我曾經錯過，但不曾錯過海上的朝陽，朝陽在我身上刺下了印記；或許是常常望向遠方的關係，我的視力不曾衰退，即使我已經看過幾十個春夏秋冬，即使我已經錯過數十個生日。

　　岸上的盼望，我不能錯過，海上的人啊！

終究要回到腳踏實地的日子！躺在港邊的旗魚，是歷經生死搏鬥之後的收穫，牠付出了生命，為我贏得了禮讚，在鎂光燈下，在歡呼聲裡，我充滿著感謝，對這樣的收穫的感謝，感謝牠與我的搏鬥。

我的收穫，不若願者上鉤的漁法，不若疏而不漏的漁法，我堅持的信念在於拚搏，當遇見躍上海面嬉遊的旗魚，就是勝負的開始，如果願意接受我的挑戰，就來吧！

太陽升起的時候，是我出帆的時候，燈塔亮起的時候，是我回港的時候。

每當出海的時候，我會把牽掛的事情繫在我的脖子上掛著，這樣的牽掛是牽手送給我的平安符，從廟裡求來的，從看著星象盤的時候到看著雷達的時候，我一直掛著，直到經過了幾十年的現在，還不能放下。

三天三夜，看著星星、數著日出日落，船頭指著方向或是方向指著船頭？鏢台永遠站在船頭的前方，前方的海洋還有魚群，正在窺伺

著潮水的顏色。

註：本文採擷自臺東縣成功鎮資深鏢旗魚手張仔旺先
　　生、張添貴先生、蔡安榴先生、盧旻易先生精華。

載著夢想的重型機車

　　做過許多事情以後，才會發現自己適合什麼，我喜歡自由自在的工作環境，因此我不適合成為一個上班族，對於讀書考試也不在行，所以也沒辦法成為一個公務員，我嚮往自己作主的日子，於是我創業了，但是創業也失敗過幾次，記得賠最嚴重的是水產生意，連爸媽的私房錢都虧光了……當時我苦笑著說：「怎麼人家說好賺的我就做不起來？既然失敗了，還是要重新站起來。」看著存摺，我還有幾萬塊，找來幾個桶子，弄來了快速爐，上山問了幾個農民，新的生意就這樣開始了，也就是這樣，所以你才喝得到手上這杯茶，這杯茶不要很多錢，因為我沒有加盟，我的店也沒有招牌，靠口耳相傳，靠著全家合作，這家店也就做起來了。

　　住在台東縣成功鎮的日子裡，這家位在中油直營站旁的飲料店，是我每天報到的地方，一方面是自己喜歡他家的味道，一方面是去和老闆聊天，還有一件事，就是去欣賞他店門口停放的「Kawasaki」。「Kawasaki」是老闆夢想中的重型機車，在他購買之前就和我聊過許多次他對重型機車的嚮往，尤其是對這輛「Kawasaki」他心中充滿了憧憬，他說自己常常想像風從身畔切過的感覺、奔馳在山線與海線的感覺、聽著引擎聲浪高低盤旋的感覺，說了好多好多，也給我看了好多好多照片，這些都是他的計畫，談到重型機車，他的眼睛都會發光。

　　每次光顧的時候，總會看見寫得密密麻麻的點單，老闆額頭上的汗水不時地滴下與被擦拭，這是不分淡旺季的忙碌；關於店裡呢，外送的點單是老闆與父母親輪流來幫忙，而所有茶飲都是由老闆自己親自來調製，我曾問過老闆的父母親關於飲料調製的分工，兩老告訴我

說:「簡單的我們會,複雜的是他的祕方……」。

　　這是家沒有招牌的飲料店,店老闆也從沒打算替自己的飲料店掛上招牌,招牌對他而言或許沒有意義,意義在於他的茶飲,他所帶來的好味道,還有他的「Kawasaki」。

2017.08.30《人間福報》副刊

愛上鬼頭刀的男子

　　金黃色油海裡，看得見悠游的魚群，正逐漸熟成，直到魚身上也開始發亮的同時盛起，經驗到的是亮澤與酥香的氣味，撒上胡椒粉與些許的辣椒粉，魚兒會開始訴說靠海人的故事，從嘴裡直到心裡。

　　靠海的台東縣成功鎮，住著一位能夠讓魚開口說故事的男子。

　　他常說鬼頭刀是他的最愛，因為那是屬於夫妻的感情。所以，船靠港的時候，是他的心驛動的時候，他能夠與自己最愛的鬼頭刀相逢，能夠繼續傳遞這樣的故事出去，透過黑貓傳遞到遠方的家戶中。

　　港口的日出與日落，海中的游魚，鬼頭刀
的夫妻情，是靠海的成功鎮專屬的故事，故事
中訴說著地誌，訴說著抒情，訴說著一位愛上
鬼頭刀的男子的日常，那是粼粼的波光，閃耀
著海與天、人與地。

《從容文學》12 期

無名老夫妻牛排

「老頭子，牛排、黑胡椒。」

「好咧。」

　　牛排，主角是片好的沙朗牛，必須在鋪好油脂的煎台上均勻上色以至熟成，配角是稱職的麵條，同樣必須在煎台上翻炒出香味，才能放在旺火烤熱的橢圓形的鐵板上鋪底，扛起主角的轎子，再打上一顆蛋，以鐵板的熱力來煎熟，最後淋上黑胡椒醬後，蓋上白鐵蓋子，黑胡椒牛排即可上菜。

　　為了保持溫度與揭密的驚艷，牛排得等到客人面前才能開蓋。

　　右手持刀，左手持叉，視線劃出分割線之後，持刀的右手劃下，持叉的左手固定，牛排是應該這樣被享用，適口的大小，依據您的嘴

型，舌頭與牙齒的律動，在口腔內分解出牛肉的鮮甜，提味的黑胡椒豐富了感受，後頭還有吸附醬料與蛋汁的麵條在鐵板上等著呢！這樣的歷程，是愛上牛排的理由。

慢慢享用著牛排，我發現店裡只有這對老夫妻來打理，或許該稱他們是爺爺奶奶，而無名老夫妻的店名，是臉書網友幫忙取的，因為店沒有正式的名字，只有站在路旁的招牌，招牌上簡單的寫著「牛排、豬排、雞排」，上頭的鐵框有一點鏽斑，是不是創業時即開始使用的招牌？

用餐時，巧遇一對情侶，似乎與爺爺奶奶熟識，從他們的言談中聽見，這間店的淵源，是種從年輕一直到老的感情，就像老客人從舊店面追到今天的新店面一樣。

感情，是心理上最深的獨特。

再訪的今天，我發現店裡靜悄悄的時候，奶奶常看著電視上播映的韓劇，表情會隨著劇情變化，而爺爺在這個時候，留在後面的廚房

裡備料，當客人點單的時候：

「老頭子，牛排、黑胡椒。」

「好咧。」

《講義雜誌》2018.4 月號

水果王的鳳梨

　　在花蓮縣壽豐鄉農會旁的台九線省道上，我見到了令人詫異的景象，成對的鳳梨皮，完整的懸掛在發財車上，看來像是熟悉鳳梨熟悉刀工的削皮技法，再細看一會，發財車上的白底招牌寫滿了紅字，只是不見人影。

　　按捺不住好奇心，我在路旁停妥了機車，走近這樣令我好奇的發財車，車上載著滿滿的鳳梨，陳列的方式似乎是青綠的鋪底，等待秤重的是澄黃的，等待零售的是那一袋袋切好的鳳梨，看來是乳白色的鳳梨片，那些放在最顯眼的地方，同時我的鼻子也聞到了鳳梨散發出來的香氣，靠近想拍照的時候，老闆恰好從隔壁農會過來問我是不是想要買幾包鳳梨？

　　「一包，多少錢？」

「剛好一百。這次的是牛奶鳳梨，所以比較貴……」

「牛奶鳳梨，還真沒吃過……」

老闆笑了笑，收下了百鈔以後，回到他的發財車繼續削鳳梨，我躲到農會騎樓下，打開塑膠袋，開始品嘗這神秘的「牛奶鳳梨」，坦白說，台南出身的我，對鳳梨是再熟悉不過了，但眼前的「牛奶鳳梨」，還真沒嘗過，尤其這乳白色的果肉，看上去像是沒熟透的樣子，但味覺上的疑問終究抵不住嗅覺上的反應，聞香就該下嚥，隨即我的味蕾就被這樣圓潤清香又豐腴的鮮甜給征服了。

抬頭再細看了他的發財車，白底招牌寫上的紅字是「狂甜」、「只賣有緣人」、「冠軍鳳梨果農生產」……我的心裡響起這樣的聲音：「信念，寫在清楚的地方，為了讓所有人看見」。

吃到最後一片鳳梨時，我從暫停的騎樓下回到了發財車旁，再次向老闆多買了一包鳳

梨，準備在回程的路上吃，也向老闆要了張名片，才知道他姓王；後來，我總在經過花蓮縣壽豐鄉農會旁的台九線省道時向他買鳳梨，直到我離開花蓮縣。

我知道，他的堅持，他的願望，他的心，都在他這一車鳳梨裡面，很甜，只是要先削去外層那扎人的硬皮，才能品嘗到這份甘美。

《講義雜誌》2018.2 月號

攤販的記憶

　　騎樓下的紅線，槓上了我的生意，飛來的鴿子，啄食我的生命。兩旁精品店亮麗的櫥窗掛著閃亮的商品，我處在夾縫中做生意，這是向住在公寓的房東們討來的，這是塊只在早上會進出的公設地，牆上留了一盞水銀燈給我，但是水電必須自行負擔，月租金收兩萬五，房東們還連帶保證不養鴿子，我的左手扶著顫抖的右手簽下契約。

　　精品店亮麗的櫥窗，夾在我的攤位兩旁，攤位上只有一盞微弱的水銀燈，櫥窗裡的藝術燈閃爍的光線，常常刺進我的眼睛，看著從我眼前走過的人們，身影是模糊的，我的頭髮也漸漸灰白了，在騎樓下的光影裡站著；我賣的東西跟著時機一變再變，從日用品到衣物到小

吃，我都做過了，最後竟是有油水的小吃生意
讓我能夠在這夾縫中喘息，也或許我和這個公
設地有緣分，一待就是十多年，十多年來我都
在這裡，不論晴雨，不論年節。

　　做生意的時候，最討厭下雨天，下雨天時
候，騎樓下的人們腳步急促，他們手上的雨傘
上頭所殘留的雨水，常會飛濺到我的攤位前，
滴答滴答的填滿地板上的凹陷，最後成了一灘
死水，死水面上看得見我的皺紋，那令我不悅，
又因為在下雨的日子裡，我還得面對來自樓上
的滴漏，滴漏沿著我的皺紋流下，像是為我熱
情沖涼。

　　偶然，會遇見喜歡我的手藝的人，他們會
與我聊幾句，會大方的在我面前享用我的小
吃，並且在臉書打卡告訴親友，同時也會遇見
殺價的人，殺價的人常穿著名牌、拿著名牌、
又戴著名牌，但就是喜歡叫我給他們買幾送
幾，他們應該看不見我身上的圍裙，看不見我
的小吃單價比捷運票卡便宜，看不見我的白

髮，可能也吃不出來我的味道。

公設地上的生意不能在白天開始，因為房東們要進出，得等到兩旁精品店櫥窗藝術燈閃亮的時候，生意才能夠開始，那時候的人群正從捷運站出來等待轉乘的公車，人群當中有人剛結束一天的工作，有人正要開始一天的工作，人群中有緣分的是我的客人，沒有緣分的是路人，但我多數時候沒辦法關照他們的眼神，反而是他們關照我的眼神，我好像是製造業的作業員般地看著自己的小吃在眼前流動，從我的手上接到客人的手上，再從小冰箱裡整理補貨到架上，川流不息是我的願望，我總是在心中暗暗的祈禱。

當年是怎麼樣來到這裡的，我已經沒有太鮮明的印象，只知道是因緣際會，我在人潮洶湧的騎樓下，看見這塊位在狹窄的夾縫中的公設地，公設地後面有個敞開的玄關門，門內有座幽暗的階梯，我有兩坪左右的空間可以使用，當時為了讓生意有機會迎接到滿溢的人

潮，硬著頭皮簽下來。近月來，有位熟客常介紹我更好的地點，勸說我去那裡開店也比現在這樣擺攤好，至少過路客看得見整潔明亮，看得見清潔衛生，我只是笑著說：「租金、稅金，會把我的黃金吃光…」而且我已經習慣在這樣的地方做生意，在這塊位在水銀燈下的公設地，在攤位後頭那敞開的玄關門後的幽暗的樓梯，是房東們的通道，我不會走進去，除了開關水銀燈的時候外。

在天亮之前，我得推著攤車離開騎樓，讓出玄關門前的公設地，樓上的房東們才能夠出門，當他們出門之前，我必須要清潔並回復原狀，好像我從來沒有在這裡擺過攤，每天重複這個循環，讓我覺得這是佛家說的輪迴，而我的人生便是因果。天黑以後，我會推著攤車進來騎樓，趁著人潮還沒有消退的時候，向行人借過一下，點個頭微笑，開始今天的生意，而開市的時間和金額，決定我當天的收入，盤點鈔票的時候，我是躲在微弱的水銀燈光下，那

時候晨曦離我不遠，所以是夜最深沉的時候吧？點完鈔票的時候，我總會小心翼翼地放回腰間的霹靂包裡，整齊的排好，回家再想辦法去掉上頭的油漬。

每逢繳租的前夕，總會不自覺的擔心這樣的光景是否能夠繼續，因為待久了也早已習慣這樣的日子，熟客已經幫我建立了 Line 群組，邀請我在上面公告新菜單的訊息；每逢鴿子飛過的時候，心也會不自覺的揪起，擔心是否房東們的保證失效，擔心是否安逸太久，擔心是否走到終點。這樣的心事會在心裡盤旋，尤其是在特定的時刻，更加的沉重，例如每月的初二與十六這兩天。

我的手上捧著許多，在十隻指頭間的縫隙裡也溜走許多，多的是來不及寫入腦海的影子，影子像是親人一般，在我的背後，等到我轉頭的時候，卻難再見。在擺攤的日子裡，看著騎樓、高跟鞋、街燈、分隔島兩側的車流，我佇立在前進後退之間觀望，在攤位旁的牆壁

上釘下了我的日曆紙，每過一天就撕下一張，每張都寫下了我的記憶，還有看見的風景，有屬於人的、有屬於物的。

　　今天遇見了一對男女，看上去很舒服的樣子，他們輕聲細語的對我說話，走之前還說了聲「謝謝，下次見」，見到他們笑了，我也跟著笑了，我視線跟著他們的背影走了幾步，才被後頭的客人喚回，偶爾，我也會羨慕吧，這樣的時刻，牽著對方的手在騎樓下散步，這樣的經驗，我也曾經有過，只是印象已經模糊掉了，在這個朦朧的水銀燈下的日子開始前，我也曾經有過吧？那樣的印象。希望有一天，能夠回到過去那時候的日子，如果有機會改寫回憶，我還會不會選擇來這樣的公設地上做生意？我還會不會選擇在騎樓下過日子？我還會不會選擇你……

　　日曆紙還是撕下舊的又再掛上新的，水銀燈還是朦朧的亮著，這是我所記得的。

只因為寄宿在光裡

　　對我而言，書寫是想辦法讓生活具體化的被記載下來，同時這也是我的工作。

　　起始，鬧鐘不再固定時間響起，是因為作息擺脫了日常的制約，晨起、晌午起，都可以的自由自在，而不規律的收入也是自由的一部分，前幾天投稿的稿件又被退回，上個月的稿費還沒入帳，看著存摺，看著電腦螢幕，看著手機，如果沒有靈感可以書寫，就該出去走走了，出去走走是取材的方式。

　　生活中的細微片段，好比是在捷運站與路人的擦肩而過的印象，都可以成為我的寫作材料，而撿拾這些片段來編織成一篇篇美好的書頁，是我的興趣，興趣可以給我莫大的勇氣，讓我堅定地辭去上一份工作，專心來投入書寫

這一行，即便沒有固定的收入，即便面對許多人的反對，還是堅持一個字一個字的把我的想法與對世界的觀察，持續的輸入電腦，然後輸出，並且讓這些被看見。

　　工作時經常需要安靜地把自己關在房間裡，不分晝夜的面對電腦螢幕，敲著鍵盤，將捕捉的瞬間寫入檔案，桌前的檯燈是唯一的休閒，我動一動手可以得到與失去光輝。有時，在床上休息，閉上眼睛的時候，會看見文字在黑暗中飄移，像夜空的雲朵飛過，這時就是起身執筆的時候，為了留下這不經意中出現的，床頭會擱著一套紙筆。

　　開始書寫這個工作以後，我把自己的需要縮小，小到僅取一瓢足夠維持生命的柴米油鹽，因為我明白這個市場現況，所以我拿了所有的積蓄作為換取時間的籌碼，讓我能夠有機會無旁騖的書寫，並且等待我的輸出被注意到的那天，雖然寫下這些文字的時候我的一本書已經被出版。

　　寫不出來，是家常便飯，寫出來被退稿，也是司空見慣。面對這個時候，我只能微笑著接受一切，雖然人在窗下，仍有檯燈的亮光要我努力下去，雖然抽屜裏面的存摺數字是日漸倒退，但腰還是要挺起來端坐。

　　我偶爾會有種錯覺，誤以為自己是個農夫，在努力耕作之後，等待收成的同時，仍可能需要去打工來支應日常的開銷，最後等到收成的時候，如果收成沒辦法支應，還得去辦個貸款……想想，這樣的錯覺或許才是真實的，因為市場的境況確實不好，靠著書寫能夠過活的人，沒有幾個，許多人好心的告訴過我。

　　如今，我仍是待在房間裡，面對我的電腦與檯燈，敲著鍵盤寫下一切，即使生活無以為繼，我仍然會努力的書寫，因為這是我的理想，理想像是人生中的光輝，而我願意做個寄宿在光裡頭的人，明白了以後就沒有終止。

註：吶喊過後，終歸平淡，筆桿的墨水沒有中
　　斷的那天，只是為了生活，為了理想能夠
　　被看見，我決定回學校進修培養第二專
　　長，緣由於此，寫作已從短暫的專職，正
　　式回到兼職的興味上。

望鄉滋味

　　中正橋旁的巷弄裡，有熟悉的味道，偶然被我碰見，這家在永和世界豆漿旁邊的小吃店，菜餚整齊的排在店門邊，白粥與米飯在側邊，分別由兩人去服務，店內擱著圓桌與方桌，留下寬敞的間隔，從敞開的店門可以看見用餐的客人們正扶著碗筷。

　　「吃飯還是吃粥呢？」我在心底盤算著。

　　或許是我的猶豫被看見了，廚娘對我說：「先點菜吧，點好了我替你送去。」

　　我笑著點點頭，看見菜餚中有著薑絲炒大腸、鹹菜鴨湯等著名的特色小吃……

　　「這下，該吃飯了，順便再來一個荷包蛋吧！」。

　　入座以後，看見廚娘將我的注文，一道道整齊的放在橢圓盤上，今天點了四個菜，用了四個橢圓盤，一道湯品，用了一個碗裝，我心裡想著：「這樣，要多洗幾個碗呢！」，這時我抬頭看了看別桌的客人，每桌都是同樣的上菜方式，有幾桌是家庭客人，有幾桌是下班後的同事聚餐的樣子，大家圍在一起，一筷一匙的享用著。

　　我看著自己的菜餚，心中起了一個念頭：「把湯當作中心，將橢圓盤排在外圍，或許會成為一朵花的形狀。」

　　一筷一匙，荷包蛋上的醬油與蛋液填滿了白飯的空隙，薑絲炒大腸的酸溜，鹹菜鴨湯的鮮爽，炒青菜的豬油香，我好像回到了遙遠的時空裡，結帳時，廚娘親切的微笑，向我收了一張百鈔，還找給我一枚銅板。

　　回到鬧街的騎樓下，我抬頭望著不遠的中正橋，橋下的新店溪水正流向遠方。

怡園排骨

　　怡園排骨，藏在永和文化路的巷弄裡，傳說以園字來命名的餐飲店，味道會特別的好，這是我所相信的；他們家的味道是種繁複卻簡約的平衡，來自三項青菜搭配主菜的雞腿或排骨，以及最重要的白米飯組合而成。

　　一粒便當，藏著感情，一項項菜餚，放在玻璃櫃內，親切的招呼聲向著外頭的客人們，養樂多還是例湯是親切的問候，白飯上可以澆鹹，但我通常婉拒，我覺得白飯要吃原味的清香，配上菜餚以後，大地的恩惠能更加的凸顯，腦海中可能還會浮現秋收的映象。

　　當橡皮筋束緊的時候，笑容會從客人臉上浮現。

　　星期日公休的時候，看不見店內的燈火，聞不到菜餚的清香，在營業時間的時候，這些味道會讓人不由自主的走進店裡。

　　我在老闆與老闆娘額頭的汗水中，看見人生的酸甜，成了汗水的鹹。

2017.10.20《人間福報》副刊

水餃的溫度

　　卡努颱風形成時，新北市的街頭落著雨，擁擠的交通與行人顯得更焦慮了，這時已過中秋，本應是涼爽的夜晚，因著外圍環流影響，傘下的行人臉上或多或少掛著水珠，是雨滴添上的涼意。

　　信步走在騎樓下，穿過巷弄時收折又張開雨傘，這樣反覆的動作，消磨了誰的耐性？看見等公車的人們不時拍落傘上與身上的雨水，有個老翁正匍匐在張開的瓦楞紙板上，頭頂著塑膠碗，碗內有幾枚銅板，地上是濕漉的，迎接天上滂沱的雨。

　　轉角，有個招牌亮著，走近的時候，發現是個鐵皮改建的店面，店面上有兩個招牌，分別裝飾在店前店後，正好區隔出店面的寬度，

在前的寫著「五餃天下」、在後的寫著「阿信水餃」，尚未用餐的我，找了個位子坐了下來，看著牆上的菜單，點了「韭菜水餃」。

　　看見老闆與老闆娘正面對面的包水餃，熟練的取餡、捏皮，再雙手並用的捏製，一顆顆飽滿的水餃便躺上白鐵盤，水餃中間有條摺痕，在煮熟以後更加的明顯，我以為這是美味線。

　　外頭的雨勢，似乎被煮水餃的水蒸氣所隔絕了，坐在店裡的我只看見眼前的韭菜水餃所散發出來的蒸氣與香味，一口咬下的時候，從舌尖開始蔓延開來的鮮甜，暖了我的胃，忘了秋涼，忘了卡努颱風，只記得當下的感動，還有水餃上的美味線。

2017.10.30《中華日報》副刊

濁水秋蓮

　　來不及記起，他是從何處從何時來的人，站在捷運站旁的三角窗路口，面對著兩側的斑馬線，足跡卻停在那裡，本以為他的方向該是直線的行徑，直到他放下了雙色手杖，我才注視到他黑色捲髮下的眼睛。

　　走向捷運站的路上，都能見到他的身影，他的嘴裡常念著同樣的詞語，是兜售他的商品，他站得直挺挺的，身高約有一米七左右，黑色捲髮下的眼睛，常令我視線模糊，他的手杖，倚靠在他身後的牆上，那堵牆上還有著廣告欄，貼滿了不動產仲介的廣告，廣告上的價格都是四位數，尾數一定是萬字，而他的商品，在一次成交的機緣下，他開口說了兩位數的銅板價，碰巧我聽見了。

豔陽天的時候，他沒有遮蔽，下雨天的時候，他

會撐著一把黑色的小雨傘，最近天涼了，他身上加了件黑色的薄夾克，不變的是他口裡常說的詞語，他總是抬頭挺胸的說著，音調的頓挫，細聽時可以發現，是蓋過人潮那樣的洶湧。

偶然，我見到他在大雨天的時候，蹲坐在騎樓下，從口袋中掏出了香菸，輕輕的點了火，燃起的煙霧像是圓圓的煙圈，而從他口裡吐出的煙霧，卻像是一朵朵的花蕊，在冷冷的空氣中綻放，在秋天的霜降裡，有這樣的人啊。

鷹眼的繼承人

— 鏢旗魚手盧旻昜

　　銳利的視線，可以掃過海平面上的所有，在轟隆隆的引擎聲浪中，水花正激昂的吹奏凱歌，直到港邊才慢慢地靜止下來，換岸上的歡呼與擁抱來接力這樣的悸動。

　　靠海的地方，不一定有這樣特別的故事，故事中的主角，拿著直挺挺的鏢槍，站在風頭浪尖上，重心放在潮水間，或蹲著或站著，視線掃描過白色的浪花及飛魚的路線，跟著鬼頭刀的行蹤的是旗魚，手勢一揮，展開一場激烈的追逐戰。

　　據說，要上船學習這樣的漁法，得從煮飯開始，要煮飯給船上的成員吃，然後再慢慢循

序漸進的學習船上每個位置，最後才能站上風頭浪尖的鏢台上，這些是我從鷹眼的繼承人口中聽見的，眼前的他有著黝黑的膚色，眼神在談起海浪時變得銳利，彷彿旗魚已在他眼前翻浪那般，他說：鏢旗魚的技法，只剩下臺東縣成功鎮還使用著。

在我之前，已經有許多人寫過他的故事，他是臺東縣成功鎮碩果僅存的最年輕鏢旗魚手，他的名字叫做「盧旻昜」，曾經上過電視節目，同時更是位受表揚的模範漁民；問及為什麼會選擇鏢旗魚手做為人生的目標時，他笑著說是自己的夢想，從小看著父執輩的身影，漸漸地就不想再選擇其他道路。

漁獲量隨著生態系的變化而變化的此時，整個臺東縣成功鎮，年輕的鏢手只剩下盧旻昜一人，他是唯一的八年級鏢手，在他之後，可能已經沒有人了。

立在屋前的鏢槍，高過兩公尺，盧旻昜說：

「旗魚可以比鏢槍還長！」

　　聽到這裡，我想起海明威的名著《老人與海》，老人與馬林魚在海上的搏鬥，就如同盧旻易在海上與旗魚的搏鬥一般，那樣的深刻，而旗魚也就是馬林魚，這是盧旻易告訴我的。

　　潮水的顏色，源自於海風，鷹眼的繼承人啟航的時候，站在岸邊守候著的人，或許不只有他的家人們，還有對傳統文化的支持者，期待這樣的風景能夠永續下去，即使漁獲量已隨著生態系變化而變化。

2018.04.03《中華日報》副刊

新港微日記

—— 鏢旗魚手盧旻易

　　跨進鏢手家門，門內有著期許和慈祥的嚴屬，從伯母的氣質和言談中明白：「高度來自勤奮與毅力所打造的基礎。」

　　從鏢手的日常中，看到更深刻的執著。在每天的例行保養工作中，那份專注的神情，細緻入微的動作，焠煉出成金的目標。

　　伯母金言：

　　「想學沒有可是。」

　　「想學，沒有不可能的事。」

　　成就來自於此，勉勵。

2018.05.27 再訪鏢旗魚手盧旻易

與江明樹先生採訪鏢旗魚手記事

　　漁法的選擇各異，但有人為了追夢，有人為了生活，走上同一條路線：討海。

　　靠海的成功鎮裡有許多不同樣的生命故事，等待我們去瞭解與熟悉，不僅是為了桌上的珍饈的產銷履歷，更為了一份感動。

　　燃燒的青春與生命的熱力，都寫在這份記憶裡。

　　哪裡有魚，哪裡就有輸贏，資深鏢手看得見，輸贏就在那裡。

　　握著比人還高的鏢槍，上頭的倒鉤是為了牢牢抓住今天的戰績，站在鏢台上的，是海上的勇者，也是家裡的依靠，更是傳承的命脈，為了夢想，也為了生活，即便這是個看天吃飯

的行業，也毅然決然地投入。

燃燒的是青春，是熱血，高昂的鬥志，在看到旗魚的尾鰭後更加澎湃。

如果，還有體力，我還要站上鏢台，八十多歲的鏢手如是說。

如果，海上的潮水漂亮，我每天都會出海，中生代的鏢手如是說。

如果，我還在呼吸，我不會坐視海上的旗魚對我叫囂挑釁而不管，新生代的鏢手如是說。

當我把鏢槍投擲出去的時候，濺起的不是水花，是旗魚的身影。

註：感謝臺東縣成功鎮資深鏢旗魚手張仔旺老先生、中生代鏢旗魚手張添貴先生、蔡安榴先生、新生代鏢旗魚手盧旻易先生接受採訪，為我們述說寶貴記憶。

甜的西昌街

　　腳上的拖鞋，似乎是喜歡踏著過去的風華。

　　耳邊有幾種語言，眼前有幾隻小旗桿在戴帽子的人手上揮舞，後頭跟著成團的人們，魚貫進入龍山寺裡，走在捷運龍山寺站的出口前，總能看見這樣的景象，絡繹不絕的，每次來走走都能夠遇上來自東北亞、東南亞、歐美的觀光客，或許在這個時代，名勝古剎也搭上了全球在地化的風潮吧。

　　腳步與觀光客路線相反，我朝向西昌街的方向走去，看見有家賣米苔目的攤位後面擱著四張兩兩並排的空心桌，那裏有兩位老人家正悠閒地坐著，保麗龍碗內裝著紅豆湯，他們一口閒話，一口湯的悠閒，讓我也想找個空位坐下來，感受一下不同的視線。

　　攤位上有個白鐵櫃，上頭配置了三個不同形狀的開口，我選了與老人家不同的綠豆湯加粉圓（冰的），東西上來的時候，老闆才向我收錢，綠豆湯裡有冰糖的香氣。

　　粉圓的彈性與綠豆湯的沙甜喚醒了古早的記憶，記憶裡有個年輕人挑扁擔賣涼水，走到地藏王廟前，就這樣落腳，娶妻生子，在艋舺這個地方…即使現在這條街已改名為西昌街，即使鬧市成了夜市，這樣的記憶，還能在這一碗碗的沁涼與熱情中繼續傳遞與交織吧。

2017.11.14《人間福報》副刊

梧州街的鹹

── 港式海鮮碳烤

在喧鬧聲中，有這樣的寧靜，在輪轉的席位間。

擁擠的人龍，在星星月亮太陽之下，能同時見到星星月亮與太陽的地方，我想只有在這夜市裡，星月掛在夜空中，太陽在攤位上照亮了生意。

牽著內子的手心，走過一個又一個彎道，微笑與招呼交錯著，走在前頭的我，視線落在不遠處的攤位上，攤位上有著鮮魚、有著烤台，烤台上的烤網有著碳色的痕跡，烤台上頭還有黃澄澄的燈光正搖曳著，像是在對我們招手。

　　腳步取代了我的視線，似是以本能趨近這樣的地方，見到難以抗拒的光線正閃耀著鮮魚的眼睛以及招牌太監雞的皮脂，而碳火在一旁烤熱了秋夜，一聲輕喚：「今天要來點什麼？」將我喚回了人間。

　　輕喚聲來自小老闆，四目相接的時候，他懂得我的需要；攤位上的各色水產時鮮，在他的介紹之下一一閃亮了起來，掌杓的是位廚娘，側身站著面對爐台，爐台上的鮮蔬正翻滾著，等待落上瓷盤；一旁整理桌面的看來與廚娘有相似的臉譜，背後梳起俐落的馬尾。

　　山水或許真有相逢，在這一桌菜裡，我與內子熟悉又俐落的挾起，看著眼前的珍饈逐漸清空，看著眼前廚娘的側身，一面轉頭協助小老闆介紹客人，一面轉頭招呼端菜，額頭上的汗水在三人臉上沒有停歇，如我與內子的雙箸。

　　空位漸漸的被喧鬧的人聲填滿，這時候手錶上的時間是八點鐘。

　　找零的百鈔上有著水漬，水漬上頭有著看

不清楚的倒影，我想是客人滿足的微笑以及在
夜裡的汗水，在這不停歇的夜裡。

連心芭樂

　　從一對夫妻口中聽見這樣的故事：我們的芭樂先從燕巢搬到安定，再從安定搬到安平老街，最後再經過湯匙與砧板和菜刀的整形，配上特製的甘草粉...爽脆的口感，如這對夫妻爽朗的笑容般，在四季裡漾出甘甜。

　　攤車上頭的字母寫著「Happiness 甘草芭樂」，我猜想是意味著每顆芭樂都是洋溢著幸福的味道，有著微酸襯出的甜蜜，又有著甘美的尾韻。

　　每天大清早，他們從台南市安定區的住處，載著芭樂到台南市安平區的老街上，這是不論晴雨的堅持，幾十公里的往返，有幾十斤重的芭樂，更有幾百斤重的情感，而這份夫妻的感情，我想是創業最重要的基石，他們或坐

著或站著，一面裝袋一面整理，一面製作，我看見他們夫妻的背影，漸漸地靠近，在兩個人的心房裡合而為一。

　　認識他們夫妻，是在我就讀研究所的時候，先生是我的同窗好友，畢業後他們遲遲未婚，直到去年才正式完成結婚登記，這些年來，我們各自經歷了許多，走過了許多，有浮沉更少不了奮鬥，如今我見到同學夫妻在安平老街上找到了安身立命的方式，應了一句俗語：「成家立業」，先成家而後立業，在經歷過許多之後才能找到真正立足於這個世界的方式吧！尤其是在這樣的時代裡。

　　芭樂的清香與甘味，還在我的心裡面發酵著……

2018.03.21《人間福報》副刊

轉角的燈火正迷離

入秋之後，似乎葉子真的要落土了。

我與內子駐足在轉角上，忘記時間的流動，目光直視著懸掛在二樓上的招牌，今天沒有點亮的燈火。稍早我看見一樓的店鋪還在營業，只是貨架少了兩排，冰櫃中的冷飲稀稀疏疏的站著，不像昨天那樣整齊的並排，老闆站在櫃台，今天他沒有坐著。

「24 日，我們要結束營業了……」老闆緩緩地皺起眉。

「怎麼這麼突然……？」我的眼睛瞪大了，音量不自覺的大了些，內子拉了我的衣角，拉回我的冷靜。

店老闆悠悠的說，這塊店面要租給別人當

作辦公室，他們還在二樓居住，只是幾十年來的店面，真的要熄燈了，看著店老闆的白髮，還有那樣使勁地止住情緒的眼眶，我的心裡也開始落寞與沉重。

早些時候，我常來這找白米、雞蛋、醬油，甚至要買紹興酒、黃酒、花雕酒、香料調味品，預備在家模擬餐廳的大菜所需要的什貨，這裡通通有，此時，這些都將在 24 日落下句點。

運走了兩排貨架，店面看起來寬廣許多，以往只知道在店裏頭尋寶，不知道用腳步來測度店的深度，回頭看著店門口，坐落在巷弄的三角窗上，從土地經濟學的角度來猜測，想必從過去就許多人來談租賃與更新的事宜吧？會遲滯到現在才決定結束營業，店老闆的白髮，似乎說明了一切。

離開前，我在店面的冰櫃裡，看見了包生腰果，結帳時，老闆問我想做什麼，我說想回去做一品「掛霜腰果」，這味必須先炸熟腰果，

再將白糖炒成糖漿，接著將腰果放進鍋中與白糖混合，放涼以後腰果上會有一層潔白的糖霜，故名「掛霜腰果」。

　　我沒有告訴老闆，「掛霜腰果」我要在 23 日那天做，在 24 日那天享用，紀念曾經在店面中有過的歡迎與謝謝光臨，以及曾經有過的微笑。

2017.12.08《中華日報》副刊

長白山東的微笑

　　騎樓下的店門前，放上兩張椅子，用餐時間能見到客人坐著等候；對著爐台與煮麵機的人是老闆與老闆娘，他們有雙單眼皮眼睛，黑色的頭髮微微地捲起，眉梢的角度與髮梢相似，單眼皮引起了我的注意；而在點餐取餐的時候，他們的表情是相似的。

　　我猜想，料理人，有時候會把微笑放在飯盒裡。

　　橘色的招牌上寫著料理，料理以熱炒為主，特色菜是年糕與水餃，並且也有許多台灣常見的小吃料理，當我還不明白的時候，料理已經告訴我為什麼老闆與老闆娘有著不同於台灣人的單眼皮，他們來自於長白山東，說著不同的語言，只是可能移居台灣時間久了，口音

隨著歲月逐漸淡化。

　　我今天點了份台灣料理，蔥爆牛肉飯，打開飯盒的同時，牛肉均勻上了醬色，青蔥與洋蔥的鮮味溢出，第一口咬下蔥香、肉香、飯香，綜合的滋味令我印象深刻，是一個能擄獲人心的飯盒。

　　吃到最後一口飯的同時，腦海中浮現了老闆與老闆娘的單眼皮與捲髮，髮梢有點花白，那是「木槿」的顏色，顏色裡有他們來自遙遠的長白山東的故鄉，有他們在台灣的故事，有屬於他們的「無窮花」。

2018.01.17《人間福報》副刊

微笑的燭光

　　發現在微雨的夜裡，東區街頭轉角的巷弄裡有燭光。

　　我牽著內子的手，走進這樣的巷弄尋找，看見轉角旁的白色牆上寫著紅色的字，而大門框的木紋，像是幸福的年輪，我們端詳的時候，門已緩緩地開啟，親切的微笑迎面而來，這時才發現，原來燭光在裡面。

　　靠窗的座位，有著新綠，遞嬗的菜餚，有著親切的語言，當我的視線揚起時，親切的微笑會迎著我的方向而來，此時，窗外的微雨，已被擱置在傘架上，窗內的桌上，燭台已點燃了燭火。

　　燭光下的嘴角微微的上揚，在桌邊的走道上穿梭，黑色的領結顯得特別的閃亮，有著細膩又親切的味道，在不停歇的招呼聲裡。

　　點亮夜晚的是燭光，點亮燭光的人，正在夜裡奔波著，他們有著微微上揚的嘴角，有著輕快的步伐，有著黑色的領結，在筆挺的西裝下。

　　悸動的，是我們，在冬日的夜裡記下這樣的回憶。

2017.12.14《人間福報》副刊

　　註：柔軟，來自於堅毅的韌性，微笑的臉龐後面，有著蒲公英般的漂移故事，故事中的主人翁，從紡織廠走到了郵輪上，郵輪上的內場到外場，說著不同的語言，學習不同的文化，終究在家的呼喚之下，成就了今天的 HOME。　2018.06.03

紅屋牛排忠孝店貴人心語

史特龍

　　有著棕色的眼睛，歲月雕琢的輪廓，捲起的短髮，頂著靛色的棒球帽，穿著黑色的短袖上衣，七分工作褲下的雙腳踩著拖鞋，在騎樓下，他站在攤車前，面對他的工作檯，將預備好的麵糰擺上，握緊擀麵棒的雙手筋肉開始硬挺，筋脈略微浮出，他用著雙手及腰部的力量認真地擀麵團，只見麵團漸漸地從橢圓形到正圓形，然後再放進攤車上的圓形煎台，等待香味溢出。

　　夜裡的騎樓，燈光是昏暗的，人來人往的感受是新鮮的，獨有這樣固定的身影，是熟悉的，每個夜裡都能見到他的身影，第一次看見的時候，我是先看見他的側臉，那令人熟悉的臉譜，微微捲曲的黑髮，專注在眼前的當下，

當下裡有著他的餅，有著他的力量，旁邊還站著幾個人，他們與我一樣，都在等待這一份熟悉的滋味，柔韌又充滿炙熱的溫度，在冬天的夜裡，這是最好的味道。

夜歸的人，經常停留在他的攤位前，攤位上有盞燈，照亮了夜晚，像一座港口，讓夜歸的船隻停泊，讓夜歸的人帶回暖意。

偶然間，他告訴我，自己已經做了許多年，不畏晴雨風霜，而他的眼神透露出一種堅持，再細看了他的輪廓，令我想起永不放棄的男人，男人的名字是「史特龍」。

《講義雜誌》2018.09 月號

醫師的背影

晚上八點半鐘，門診診間燈號已準備歇息，候診區的椅子上，最後一位患者，正步出批價櫃檯，門診醫師正準備回到值班室，這段踩著急促的腳步的歷程，從實習時就開始，一直到現在仍在繼續著，門診時的醫師，背影似乎是這樣說著。

主治的內科，是在學習時所選定的專長，還是臨床經驗上所選擇的，似乎已經不重要了，聽診器的心音，是清音或是濁音，才是重要的徵象，即使病人從未睜開過眼睛，也能夠透過儀器來溝通，在巡房的時候，醫師的背影似乎是這樣說著。

駕駛座旁的手機鈴聲響起時，是醫師正在折返的路上，這樣的時候，經常是在醫師休假

的時候，每當患者需要醫師的時候，醫師的身影便會漸漸清晰，從模糊到具體，從遠而近，醫師的背影已成了合影，與患者一起，與家屬一起，與團隊同仁一起。

醫師的背影，常在我們眼前，有著熟悉的溫度，即使轉過身後，仍在我們的身邊，每當我們需要時，每當我們想念時，那樣的溫暖會與我們同在一起。

2018.04.03《人間福報》副刊

老西餐的情調

時光，總在美好的時刻凝結成晶，閃耀人們的視線。

小年夜與情人節重疊的今晚，我與內人走進了漢口街上的巧登西餐廳，發現譜架上的菜單，奏出了懷念的歌曲，那是錯過就難重溫的美好，即使沒有親身經歷過，也能從菜單上的照片來摹寫，這樣的感受引領我們走進店門。

自動門開啓時，迎接我們的是溫暖的問候，點頭與微笑決定了今晚的注文，餐前酒、沙拉、濃湯與排餐、甜點，無一不是我們夫妻所愛。

都市的喧鬧被隔離在玻璃窗外，我們夫妻坐在靠窗的角落，聽見巧登播放的古典樂，還

有老闆夫婦與常客夫婦的閒談，四目交接時，我們夫妻也加入了對談。

歡笑聲不絕於耳，溫暖了小年夜，雙雙對對的夫婦，妝點了幸福的情人節的景致。

大家約好了，明年的小年夜還要在此聚首。

2018.03.07《人間福報》副刊

吉鮮屋

　　麻油柔軟了肉片的纖維，洋蔥與魷魚的鮮甜，提升了高湯的層次，在新店光明街上，我與內人享受到這樣的滋味，滋味中有輕盈的甜，有濃厚的鮮，更有著溫柔的微笑，在朝天的鍋底。

　　用餐時的雙箸是不停歇的，在餐桌上忙碌的還有舌尖，將所有的味道傳遞給感覺神經，化成愉悅的感受，在入口的那瞬間。

　　看著涮進高湯的肉片，從潤澤的粉紅熟成為輕盈的雪白，似乎也不需要再沾附調味，送入口中以後，呼出的熱氣都感覺得到鮮爽與清甜，趁勢再喝上一口鮮湯，是絕美的體驗。

　　最後的湯底，匯集了蔬菜、海鮮與肉類的

精華，常客們會放進烏龍麵，我們夫妻喜歡單純享受這綜合所有滋味的濃醇厚的湯頭，還有人會放進白米飯，再打一顆蛋煮粥，朝天的鍋底，是美好的印象，整齊的端坐在吧檯桌上，這是吉鮮屋火鍋店的日常，更是他們的驕傲。

診所裡的暖意

　　記得那是個雷雨的冬夜，我拖著疲累與不適的軀殼，內人陪著我在街頭尋找診所，而求診的此時碰上不巧的星期日，在我身邊的內人，眉頭正緊蹙著，我們的步伐，踏過了幾個十字路口，轉入福和路上，終於看見了溫暖的黃底紅字，上頭寫著「福和診所」，診所裡頭的鵝黃色燈火正亮著。

　　推開門，在櫃檯迎接我們的是關懷的細語，稍坐片刻後，診間的醫師呼喚我的名字，牽著內人的手心，我們進入了診間，醫師專注地聆聽我的主訴後，輕柔的替我量了耳溫、聽診器緩緩地落在我的胸口與上腹，隨後仔細地告訴我病因為何，診斷為何，可能需要打針才能比較快緩解我的不適……

　　針劑，向來是我所畏懼的，但此時此刻我的身體是需要較直接的治療，於是我同意了，只見到醫師走進診所內的藥局親自調配針劑，那是一管約 3ml 的針筒，隨後，醫師親自為我注射，在我的左上臂，沒有特別的疼痛，當我回神的時候，治療已經結束，醫師開始說明我的處方，以及告知須回診的狀況，該如何觀察自身的病程等等。

　　領藥時，仍然是關懷的細語，這時我才看見櫃檯小姐別在胸前的執業證，才知道原來她是專業的藥師。臨走前，我從櫃檯上帶走了名片，名片上寫著兩位醫師的名字，一位是林醫師、一位是李醫師，今日是家醫專科的林醫師替我看診。

　　按照醫囑服了三天藥之後，幸運的我病況好轉，症狀僅剩下上呼吸道的不適以及經年過敏性鼻炎復發的困擾，然而我的病似乎在快要康復的同時傳染給內人，於是我們選擇再度回到「福和診所」給醫師看診。

　　這次為我們看診的醫師，是李醫師，李醫師的親切同樣令人印象深刻，他是耳鼻喉科的專科醫師，由於女士優先的關係，這次是內人先坐上診療台，診療台上冰冷的醫療鋼製器械，在李醫師細緻的操作之下，開始有了溫度。

　　輪到我時，由於我有經年的過敏性鼻炎，在感冒時容易發作，造成鼻肉肥厚，所以需要用長型棉棒沾附藥劑，直接進入鼻腔治療，好讓鼻肉消腫，呼吸才能夠暢通，但這是我所畏懼的，然而在李醫師的治療當中，我沒有特別不適的感覺，彷彿李醫師手中的棉棒是他的手指的延伸，而我的鼻腔內的訊息，迅速的從這樣的通路傳遞到李醫師的腦海，所以他能夠精準的掌握我的反應，使我得以戰勝對耳鼻喉科治療的恐懼，這時有一股暖流從我的鼻腔走進了我的心中，在結束療程的時候，在我的心裡留下深刻的暖意。

　　親切的問診，專業的技術，關懷的細語，是我們夫妻對「福和診所」的印象，我猜想或

許這就是所謂的醫療專業吧，是種充滿愛與關懷和奉獻的專業，「福和診所」的專業團隊，真正的實踐著，相信這是他們日復一日、年復一年的堅持。

2018.07.15

註：文中林醫師目前已返鄉侍親，由小兒專科謝醫師來為患者們服務。

臺東新港癡情味

　　海浪的鹹香，在保溫箱開啓時湧出，這是宅急便先生為我送來的祝福，祝福來自臺東縣成功鎮新港漁港，漁港中有著拍賣官、船主、盤商簇擁的身影，簇擁著每日的漁獲，這是新港漁港的日常。

　　在這份日常中，有位嬌小的身影，穿梭在拍賣漁市中，有著俐落的短髮，踏著打檔機車，貨架上有幾個漁籠，上頭寫著「丸昌漁行」，競標時的氣勢不讓鬚眉，當地人都稱她：「彭老師」。她是我在臺東縣成功鎮工作時所認識的女老闆，第一次碰頭的時候是在成功鎮的「仙桃快炒」，當時我叫了一份一百元的生魚片，本以為仙桃老闆娘要從廚房冰箱拿出來切盤，結果竟是拿起電話撥號，喊了聲：「100 元」，隨後便

聽見打檔機車的引擎聲由遠而近，才知道原來
生魚片在當地是提供外送服務的，好奇的我請
仙桃老闆娘暫時幫忙顧一下我的桌面，放下碗
筷跨上機車，跟著她的身影而去，看見另一位
梳著秀逸長髮的女性正在砧板前俐落地運刀分
切生魚片，而我跟隨的那輛打檔機車正在攤位
的旁邊準備停靠，那攤位的招牌上寫著「丸昌
漁行」。緣由於此，才有了接觸的機會，也才得
以享受來自臺東縣成功鎮新港的新鮮漁貨能夠
在家品嘗的幸福。

　　正當盤點回憶的同時，海風海浪已在這樣
的三月天開始趨緩，東北季風的吹拂緩緩收
起，新港漁港邊仍有許多船隻出入，燈塔仍是
在夜裡指引著方向，拍賣市場仍持續競標著每
日的漁獲，漁獲上的光芒仍閃爍著人們的視
線，視線將牽引至遠方。

　　魚身的油脂，在口中透出了鮮甜，鮮甜中
有著癡情的味道，難忘的新港，難忘的海浪的

鹹香，每個春夏秋冬裡都充滿著這樣的思念，
這是臺東新港癡情味。

天涯走唱歌姬

　　人生這齣戲裡的風景，或許只有自己才看得明瞭。

　　人在天涯，望著癡情的港灣，歌唱著滄桑的人生，每一首歌，都充滿著回首的況味，每一首歌，都充滿著執著，當年在四湖參天宮的那一夜，我親耳聽見了來自天涯，屬於人間的歌曲。

　　霓虹燈火閃爍著，歌姬的長髮舞動了音符，麥克風準確地將詞曲傳遞到星空中，在場的人都陶醉著，星星跟著躍動了，這是屬於人間的風景，在四湖參天宮廣場的夜空中閃爍著霓虹燈火，人們的視線聚焦在歌姬的形影。

　　從癡情台西港，走到了麥寮港，不變的癡

情，始終是人間的風景，歌姬的形影仍在 DVD 裡，仍在每個歌迷的心裡，在夜空中，閃爍的星星，明朗的月光，都閃耀著這樣的癡情，這樣的執著永遠的銘記在名為人間的：天涯。

註：本文係紀念已故知名歌星唐飛小姐。

好吃土雞肉

調味，只是為了提出食物的鮮，提出人們的笑容以及感動；下嚥的同時，經歷的是舌尖與心頭的滋潤。

土雞在經歷過滾水的澆淋、浸泡，熟成的同時所溢出的香鮮味已鎖在纖維中，放涼的時候一刀刀片下的美味，盛放在一盤盤的圓皿中等待客人的點單，而上菜之前還要用調羹淋上特製的油膏，油膏從上而下的滑落在層疊的土雞肉上，甜味從視覺傳遞到嗅覺與味覺，嚥下的時候，不自覺地抬頭望著站在砧板前的身影，細細看著額頭上的汗水與工作檯上的黃底紅字：「好吃土雞肉」。

到訪「好吃土雞肉」的時候，是我與內人一起搭著綠 2 左線公車到范厝站，目的是為了

去玩夾娃娃機，而「好吃土雞肉」恰好在范厝站的旁邊，當時已過午餐時間，店門裡外的客人們尚在來去，每位都帶著笑容進出，看在眼裡的我們，也跟著這樣的笑容走進店門，看了兩盤土雞肉，找了張方桌坐了下來。

用餐的時候，只記得土雞肉的鮮味與甜味盈滿整個口腔，在來不及開口讚嘆的時候，桌面大致清空，彷彿是一場下意識的用餐經驗，來不及意識，就已經結束，剩下刻印在腦海中的記憶。記憶中彷彿還有著工作人員的親切，與熟客的互動，與新客人介紹餐點內容的笑容，還有工作人員間的默契與互動....

結帳時，偶然發現工作檯上方，有一艘大船停泊，據說這是老闆製作的藝術品，我跟著船頭的方向望過去，只見到店裏頭又悄悄的滿座......

藍海三百六十五天

　　他們向天空借了顏色，在地上畫出了自己的空間，有一種執著的味道，從玻璃門內向外蔓延開來，令來往的人們不禁停下腳步，望著門內的映像，映像中有著忙碌的身影，有著微醺的笑容，有著上騰的煙霧，在圓桌上舞著雙箸的是十拇指。

　　親手為自己的理想上色，是他們的堅持，那些在席位間的笑容與滿足，是他們的驕傲，是雙手交疊成的圓心，在內外場裡面，在他們夫妻的感情裡面，在三百六十五天裡面閃耀著夢想的火花。

　　劃過夜空的流星，帶走了藍天白雲，帶走了曾經有過的故事，熟悉又滿足的背影，成了種回首的況味，在這裡曾經有對夫妻向天空借

過顏色，在地上畫出自己的空間，寫過故事，帶來笑容，帶給人們回憶，在過去的三百六十五天裡，有一處專屬於他們的空間叫做藍海。

燈熄了，會不會在某處點燃？

何烈甘泉

　　除了牛奶與蜜，還要配上茶湯的清香，才能成就這杯鮮奶茶，鮮奶茶裡頭有著清香的回味，回味中有著信仰的堅持，寫在店招牌上頭的店名是「何烈甘泉」，何烈指的是何烈山（或譯西乃山），甘泉二字令我想起撰寫《荒漠甘泉》的考門夫人，兩者結合在一起的店名，成就了我味蕾上的回味。

　　坐落在永和竹林路上的何烈甘泉，是個看上去約莫三坪左右的空間，空間裡寫滿了老闆的期許，期許自己的茶飲能夠傳遞到各個角落，就像天上的陽光那樣，期許自己的堅持能夠像鹽那樣，提出所有美好，在每個接觸到何烈甘泉的人們心中留下印象。

　　接過飲料的同時，看見老闆的嘴角微微的

上揚，獨到的堅持，在舌尖上化成美好的經驗，鑽研過的比例，用信仰來沖泡每一份心意，心意閃耀著光芒，點亮了心房，點亮了世界。

　　甘泉，在都市的一隅，滋潤著經過的人群，洗滌人群的心靈，在老闆的堅持中，看見美好的故事，源自於他的信仰，以及他的肩膀，肩膀上有著家庭的盼望，在永和竹林路上綻放光芒。

2018.05.24《人間福報》副刊

下港的滋味

　　洋蔥帶出羹湯的甘味，鹽巴帶出了鴨肉的甜，滑進心裡的是下港的味道，來自雲林縣水林鄉的味道，老闆兄弟過去在口湖開店，近月遷移至永和竹林路 225 巷，招牌命名為：「雲林洪　生炒鴨肉羹」

　　今夜的新月，伴著這碗鴨肉羹，下港的味道一湯匙一湯匙的被舀進我的食道，我的心房，我的腦海裡浮出下港的日子，我出生成長的地方，我與內人同時望著彼此，像是問著彼此：「有多久？沒有吃到純正的下港味了？」

　　喝到最後一湯匙羹湯，下港的記憶被喚回眼前，眼前朝天的碗底，透出了油亮的色澤，色澤散發出彩虹的顏色，或許心裡面的雨隨著羹湯的消化而停止，所以透出了彩虹的顏色，

在我們夫妻的心底，好像重回下港省親了一回那樣。

　　竹林路 225 巷，有許多攤販，有許多故事，「雲林洪　生炒鴨肉羹」是其中一個美好，羹湯帶著我們夫妻回憶起在下港的日子，人身在頂港，遇見下港的味道，遇見熟悉的人情味，在永和的巷弄裡，繼續寫下新的回憶。

一家人的味道

　　爐邊，有著熟悉的身影，進門前都看得見她正忙碌著一張張的點單；在後頭也有著熟悉的身影正在理貨，頭髮有些花白，坐下前都看得見；而隨後上來為我們點燃鍋具的，也是熟悉的身影，他有著穩健的步伐和壯碩的體格；上前招呼客人的還是熟悉的身影，梳著俐落的短髮，親切的呼喚著店裡的每個熟悉的身影。

　　當蒸氣飄揚的同時，我們夫妻先看見的是這樣子的味道，味道屬於這一家人，屬於這些熟悉的身影，當我們來訪了數次以後，才明瞭這樣的美味是來自於一家人的攜手同心。

　　這家人在永和區永貞路上，打造了名為「味佳香臭臭鍋」的城堡，鍋料理是他們全家人的味道，據說已經做了幾萬個日子，每天從早上

十一點半開始到晚上十點半，這家人的臉上有著訴說生活的微笑。當爐台上的火點燃時，當桌面的鍋料理蒸氣飄揚時，看得見他們一家人的身影，正對著每位進門的客人說：「歡迎回家」。

有一種味道，是屬於全家人的攜手同心才能烹調出來。獨家的滋味。在細細品嘗之後，有種人生的甘甜，在甘甜中還看見付出的汗水，以及回甘的幸福，那全都在他們一家人的身影之中。

2018.06.15《人間福報》副刊

川味於我心

　　帶著微辣的涼感，伴著爽脆的小黃瓜，還有這吸附了酸甜香辣鹹的麵條，雙箸正雀躍地舞動著，味蕾跟著陶醉了。端午前夕，已經是個酷暑的炎夏，吹著電風扇，坐在窗下迎著蟬鳴與鳥鳴聲，眼前有這樣的美味陪著我寫下這樣的印象。

　　起初，是透過臉書社群介紹，介紹中寫著「好味道」，其中有人描述是夫妻的「同心協力」，有人描述是正宗的「川味」，有人描述是「難以忘懷的」，更有人說自己是「天天報到」，在完售以前。

　　現在的我正對著電腦螢幕敲著鍵盤，在WORD 檔裡面寫下印象，口腔裡還有著餘香，刻印在心坎上，記得最早接觸到這樣的味道是

在孩提時，那時是炎熱的夏天，我在眷村裡看著大人吃著這樣的味道，品嘗前必須要先淋上特殊的醬料，再用筷子拌一拌麵條，上面通常有些鮮綠色的小黃瓜，當我第一次吃到時，才明白為什麼大人們總在夏天品嘗這樣的味道，味道很香，有著難以言喻的口感，但又非常的簡單，簡單中卻又藏著繁複的作工，到我長大的時候，看見料理人的汗水的同時，才明白這樣的付出是多麼的辛勞。

行文中，幾度舉起，幾度放下雙箸，味覺的印象與心中的澎湃是越來越強，幸好當我從涼麵店離去的同時，已向店家預約販賣的酒釀，酒釀代表著下回的再訪，將會是更好的回憶。

這家涼麵店有個美好的名字，即使藏身在巷弄裡也難以掩瑜，她的名字是「涼人良麵」。

當歸鴨的西照日

　　清香中帶點甘甜，甜味從口腔開始擴散，溫潤的尾韻，恰巧成了再訪的決定。

　　俐落的刀工，在帶皮的鴨肉片上展現，配上這溫醇的湯頭，成就了這碗「當歸鴨」，放下湯匙的同時，從心底佩服這細膩的真心，真心才能醞釀這份美好，在各項食材的味道達到平衡的同時，美味才會釋放出來，這樣的歷程需要不斷的試驗與品嘗，舌尖上的經驗與雙手的鍛鍊都少不了功夫。

　　初訪的時候是夏末秋初時分的午後，我們夫妻走在被斜陽曬著的騎樓下，看見這間當歸鴨專賣店，店招牌上頭有著註冊商標，商標上頭畫著同心圓，寫著姓氏，「鐘點棧」是他們的名字，位在永和樂華夜市旁，那是個斜陽曬著

的騎樓，騎樓下有著忙碌的身影，他戴著棒球帽，面對工作檯，專注在點單上，當他轉身的時候，我看見他的額頭上的汗水染上了帽沿，午後的斜陽曬在他的背上。看見這樣的畫面，倏然間有這樣的領悟：「午後的斜陽似乎代表著人必須要西望，才能看清楚太陽的面貌。」

再訪的時候，是個涼爽的夜晚，店裡僅剩一張空桌，桌椅尚留有餘溫，那是前一位客人留下的滿足，我們夫妻把這樣的印象寫進心裡。

胖哥的天空

　　端午節還沒來臨，新北永和已經有著 35℃的溫度，額頭上的汗珠，滴落還是不滴落，正叩問著來往的行人，經過轉角的同時，抬頭一望看見遮陽傘正在騎樓邊工作著，為遮住豔陽工作著，慢慢走近時看見有著壯碩身形的老闆，正低頭舀著麵線，麵線裡有著細膩的感情，在他細緻的操作中，一湯匙又一湯匙的配料跟著盛滿了環保紙碗，接著上蓋將這些心意封存，此時，下一份期待正開始醞釀，在前一位客人離開攤位的時候，我讀到這樣的心情，即使是在這樣的豔陽天裡，也必須要感受一下這不同於酷暑的暖流。

　　拎著這樣的印象，滿心期待的我回到住處，打開蓋子的同時，熱氣蒸上臉龐，伴隨著

香氣，香氣中有柴魚、蔬果的味道，右手握著湯匙由上往下拌了一會，當調味的蒜泥、香菜、辣椒與麵線裡面的蚵仔、吻仔魚、大腸調和均勻之後，再放進嘴裡，吃到的是綜合的滋味，滋味中有著各自獨立卻又互相融合的美好，有海潮的鮮味，有青蔬的甜味，滿足的感受讓我的嘴角不自覺的揚起，這時候似乎又看見老闆的微笑。

正陶醉的時候，不小心聽見自己的呼嚕聲，幸好今天是獨自品嘗，回過神以後，麵線早已清空，低頭細看了老闆的名片，名片上寫著「胖哥麵線」，營業地址在永和中興街停車場前，停車場前看得見他的身影，身影中有著盼望，在他的額頭上也有著與行人們相同的汗珠，汗珠裡有著相同的叩問，叩問著天空。

天空中寫滿了心願，心願裡有著一份份的滿足，那是客人所回饋的支持與鼓勵，鼓勵胖哥持續經營，讓這樣的好滋味能夠繼續散發香氣，香氣能夠形成店面的輪廓，輪廓裡有著外

帶單和內用單，有著陪伴胖哥的遮陽傘和攤車，更有著胖哥的家人和客人的微笑。

2018.07.16《馬祖日報》副刊

金雞園

　　玻璃櫃裡藏著甜蜜，蜜藏在糕點裡頭，看上去鬆軟，送入口香滑，美麗的印象烙在舌尖烙在心房，從此心底多了一個專屬於甜點的回憶，這江南特有的中式甜點，正於台灣台北市公館商圈裡散發迷人的香氣。

　　而另一頭的煎盤上有剛築起的塔樓，它聞起來帶有鹹香，這是鹹點的味道。味道中有著細密的層疊，疊起了不絕的韻味，每一口都能感受到那誘人的酥、醉人的鹹甜。

　　令人難以忘懷的甜點與鹹點，是我們夫妻一訪再訪的緣由。

　　鵝黃色的燈光，在有歷史的桌椅上輝煌著，師傅們穿著白色的工作服，工作服上寫著

堅持，從他們的背影看得見專注，不管是在捏製、在前台、在後台，在分工合作的當下，都是我們坐在座位上等候時注意到的風景。

　　在每一份點單上頭，滴落的汗水，是正在筆記的歷史，有著傳承的印痕，從江南到公館，從大師傅到小師傅，他們穿梭在店內，趕製料理，為每位客人親手端上店裡的珍饈，這是屬於他們的輝煌

2018.06.21《人間福報》副刊

柏卡伊

　　暖色系的光線，明亮了整個空間，空間中盈滿了髮香，髮香來自飄逸的秀髮，在吹風的時候洋溢出來的美感，吹風機的噪音也蓋不過這樣的美感，美感來自於造型師的雙手，雙手靈巧的舞動，像是美麗的蝴蝶般，輕柔的在每一絲髮梢上滑步。

　　細膩，是她的基礎，美感是她的天賦，天賦來自於身為女人的驕傲，褲裝是她工作時的打扮，紮起的馬尾，藏不住秀逸的長髮，我在柏卡伊造型沙龍看見這樣的女性，這樣的女性正在為內人梳理秀髮，看見的時候正好在最後的吹風階段，看著她熟練又靈巧的雙手，持著吹風機與髮梳，那專注的神情，視線落在髮梢和鏡中，踩著俐落的腳步，似乎吹風時只要多

一秒少一秒就會影響到整體的造型，站在旁邊的我慶幸自己來早了，來早了才能看見這樣細膩又充滿熱力的專業。

牽過內人的手心時，不禁讚嘆了幾句，內人與造型師都笑了，事後我才知道這位造型師是柏卡伊造型沙龍的老闆，她有著對美感的天賦與堅持，在第一次看見的時候我便從她的手技中明白。

內人告訴我：「柏卡伊採預約制，已經在永和中正路上經營十數年，老闆帶領著造型師們，從創業努力迄今已站穩了腳步，是個撐起一片天的女性。」

她的成就來自於對美感的天賦與堅持，雖然看上去有些霸氣，但她有個秀氣又親切的名字：「文惠」。

阿地牛排

「原味烹調」，是對食材最高的敬意，食材最原始的美味，必須使用百味之首的「鹽」來提出，其他調味品充其量只是種陪襯，放在桌邊給客人選用，身為廚師的堅持便是「原味烹調」，並且以良好食材來製作料理，是終身的堅持。這些話，是阿地牛排的掌杓西餐師傅親口傳授給我的。

記得第一次見到西餐師傅，是在我小學一年級的時候，參加家族聚餐，聚餐選在台南市南門路上的「阿地牛排」，當時廚房是開放式的，坐落在巷口，而排餐的香味總能跨過馬路傳到對面的街口，聞到味道的同時，看見穿著藍色 POLO 衫、深色西褲、踏著運動鞋的西餐師傅，正面對煎台，右手煎肉、左手翻過一個又

一個鐵盤，在一旁的爐火上，還有助手在打蛋、炒鐵板麵，斗大的汗珠還來不及擦拭，一份份排餐便接連上桌，看在幼年的我的眼裡，很是欽佩，尤其當排餐入喉的同時，那樣的好滋味，像是天上人間的交會。

後來，每當我經過阿地牛排的巷口，我都會不自覺的抬頭望，望著那身料理人的驕傲，註冊商標的 POLO 衫，可惜到了課業繁忙的中學階段，家族聚餐也開始減少，上「阿地牛排」用餐的機會無多，直到我進入大學就讀的同時，才開始騎著自己的機車，到南門路上找尋童年的回憶，只是那熟悉的身影，已不復見。

失望的我繼續騎著機車，在台南市區上尋覓，只要見到牛排館便停下車端詳，不知道經過了幾個路口，竟然在台南市大同路上看見了西餐師傅，他還是穿著藍色的 POLO 衫、深色西褲、運動鞋，只是他現在正坐在店門口望著遠方，我手錶上的時間是下午三點鐘，抬頭細看才發現他的店招牌上寫著「上好牛排」。

　　打過招呼以後，我獨自一人在店裡用餐，童年的味道迎面而來，吱吱作響的鐵板上有著香氣的節拍，陪伴著刀叉的舞蹈，牛排的鮮甜在口腔內久久不散，如繞樑的餘音，是童年的記憶，記憶中的美味，正是這樣天上人間的交會，雖然招牌已改稱為「上好牛排」。幾經更迭，童年記憶中的「阿地牛排」再度遷移到台南市明興路上營業，並且將「阿地牛排」的招牌重新掛上，聽說是一場商標與正統的硬仗，從西餐師傅與師傅娘的口中道出這段往事。

　　如今，「阿地牛排」已經在台南市明興路站穩腳步，不變的好味道，仍在持續傳香，而我仍是追著這樣的味道，味道中有著記憶的美好，美好的味蕾印象，未來仍會在繼承人手上發揮，我是這樣相信的，當我見到小師傅的同時，就已經看見這樣的畫面，畫面中有著傳承的美好與堅持，堅持的「原味烹調」。

後　記

　　本書獻給這個時代，獻給努力的人，紀念屬於我們的光陰。由衷感謝「文史哲出版社」，讓本書能夠有付梓的機會。

紀州人 2018.7.5